2쪽: V v V v
3쪽: very vest vase
6쪽: W w W w
7쪽: wo wolf wash wet
10쪽: X x X x
11쪽: box mix fix six
14쪽: Y Y Y Y
15쪽: yarn yes yellow yawn
18쪽: Z Z Z Z
19쪽: zipper zoo zero zebra
22쪽: V Y W V Z W
Y V Z V W Z

상장에 붙여 보세요

Good Job!
Great!
Excellent!

효린파파의

즐겁게 따라 쓰면 저절로 완성되는

막 써지는
영어 알파벳

성기홍(효린파파) 지음

· BOOK 5 ·

알파벳 V~Z

대문자 **V**　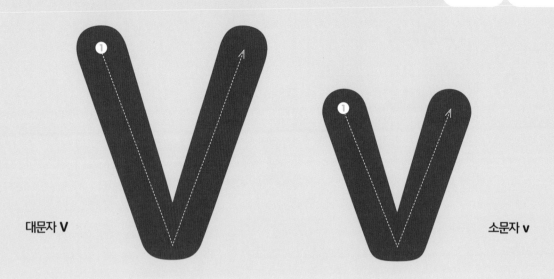　소문자 **v**

🦋 그림을 보고 알맞은 알파벳 스티커를 붙여 보세요.

V ET 　 **V** ase

V ERY 　 **V** est

🌈 대문자 V와 소문자 v를 순서에 맞게 따라 써 보세요.

단어를 소리 내어 말하고, 첫소리 글자에 색칠한 후 스티커를 붙여 보세요.

대문자 V와 소문자 v를 따라 써 보세요.

대문자 V와 소문자 v를 바르게 짝지은 것을 <u>모두</u> 찾아 동그라미 해 보세요.

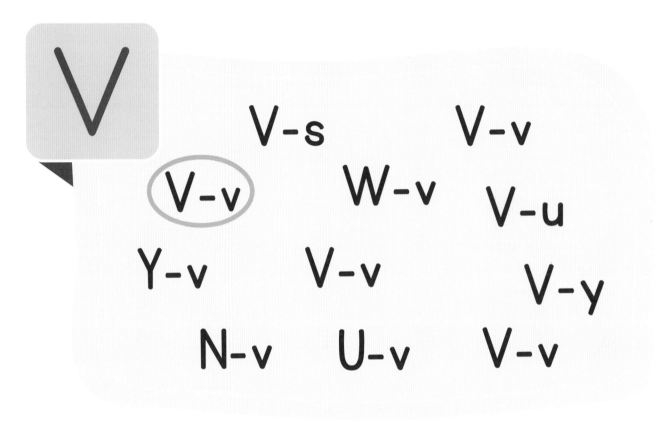

대문자 V와 소문자 v를 연결하여 옷장 속에 무엇이 있는지 찾아 보세요.

소문자 v를 따라 쓰면서 그림에 알맞은 문장을 완성해 보세요.

The vet's vest is wet.

The vet is very sad.

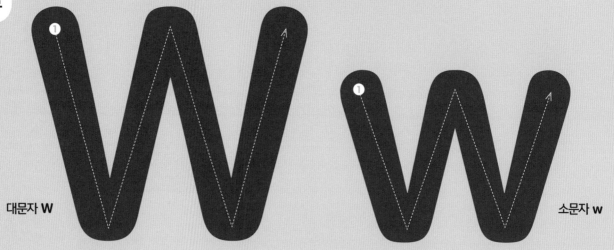

대문자 W   소문자 w

🦋 그림을 보고 알맞은 알파벳 스티커를 붙여 보세요.

W ORM   W et

W OLF   W ash

🌈 대문자 W와 소문자 w를 순서에 맞게 따라 써 보세요.

6

단어를 소리 내어 말하고, 첫소리 글자에 색칠한 후 스티커를 붙여 보세요.

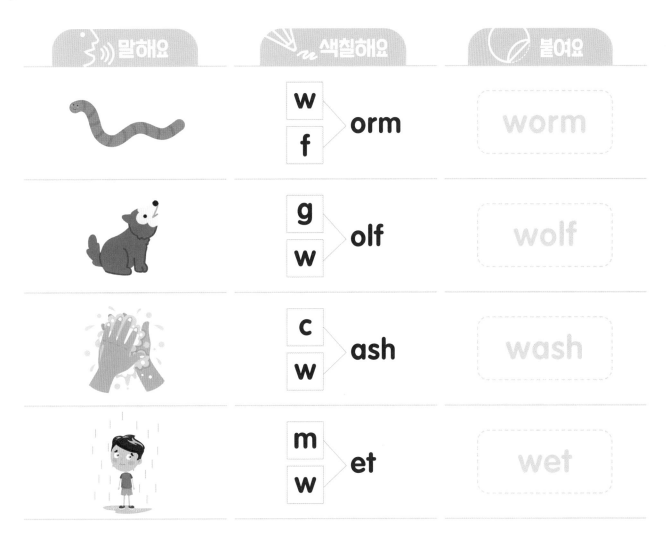

대문자 W와 소문자 w를 따라 써 보세요.

대문자 W와 소문자 w가 들어간 단어의 그림에 <u>모두</u> 동그라미 하고 알파벳을 따라 써 보세요.

BLOW

milk

worm

WASH

NECK

wet

down

WOLF

under

소문자 w를 따라 쓰면서 그림에 알맞은 문장을 완성해 보세요.

들어 보세요

A wolf washes a worm. Now it is wet.

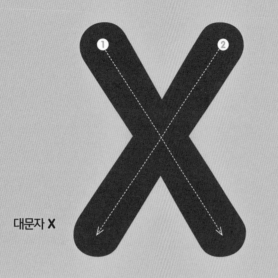

대문자 X

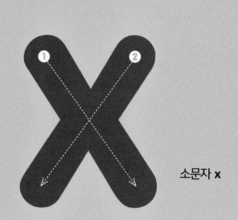

소문자 x

🦋 그림을 보고 알맞은 알파벳 스티커를 붙여 보세요.

BO X

fi X

MI X

6 si X

🌈 대문자 X와 소문자 x를 순서에 맞게 따라 써 보세요.

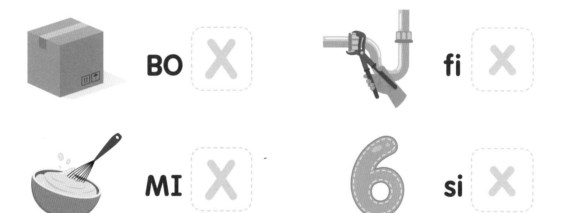

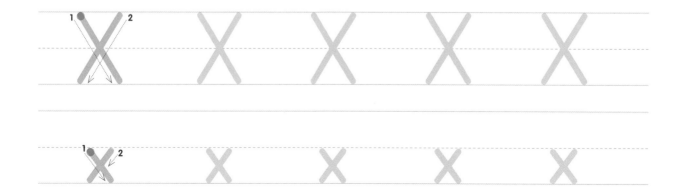

단어를 소리 내어 말하고, 끝소리 글자에 색칠한 후 스티커를 붙여 보세요.

대문자 X와 소문자 x를 따라 써 보세요.

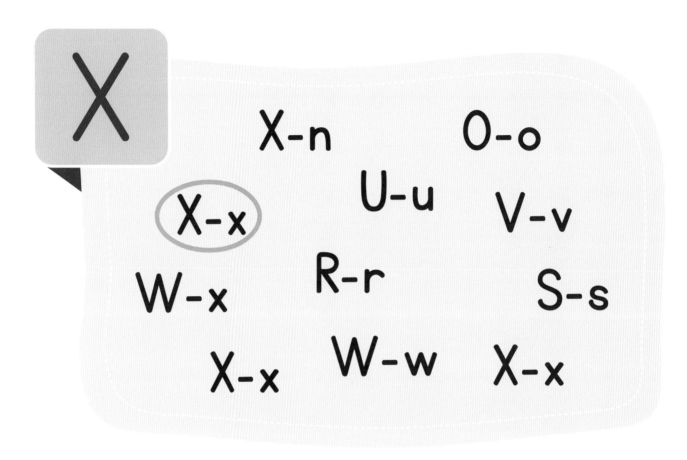

대문자 X와 소문자 x를 바르게 짝지은 것을 모두 찾아 동그라미 해 보세요.

X

X-n   O-o

U-u

(X-x)   V-v

W-x   R-r   S-s

X-x   W-w   X-x

소문자 x를 따라 쓰면서 퍼즐을 완성해 보세요.

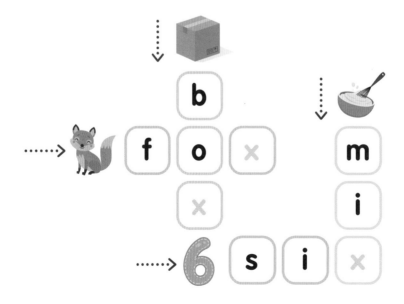

b

f o x   m

x   i

6 s i x

대문자 X와 소문자 x를 따라 쓰고 알맞은 그림과 연결해 보세요.

fix

SIX

mix

BOX

TAXI

fox

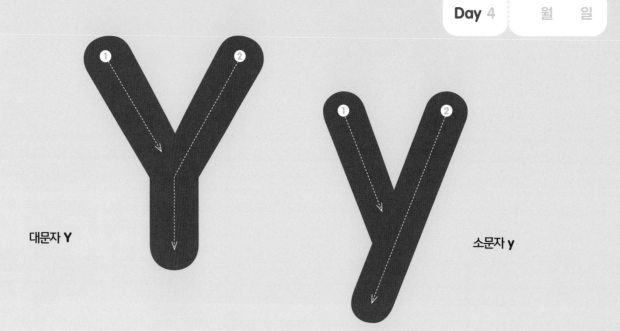

대문자 **Y**　　　　소문자 **y**

🦋 그림을 보고 알맞은 알파벳 스티커를 붙여 보세요.

Y ARN　　　Y ellow

Yes　No　Y ES　　　Y awn

🌈 대문자 Y와 소문자 y를 순서에 맞게 따라 써 보세요.

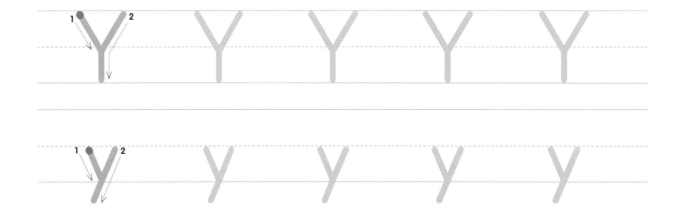

14

단어를 소리 내어 말하고, 첫소리 글자에 색칠한 후 스티커를 붙여 보세요.

대문자 Y와 소문자 y를 따라 써 보세요.

대문자 Y와 소문자 y를 따라 쓰고 알맞은 그림과 연결해 보세요.

yellow

many

YAWN

yarn

Yes   No

VERY

YES

대문자 **Z**

소문자 **z**

🦋 그림을 보고 알맞은 알파벳 스티커를 붙여 보세요.

 Z OO

| z ipper

0 Z ERO

z ebra

🌈 대문자 Z와 소문자 z를 순서에 맞게 따라 써 보세요.

 Z   Z   Z   Z   Z

 z   z   z   z   z

단어를 소리 내어 말하고, 첫소리 글자에 색칠한 후 스티커를 붙여 보세요.

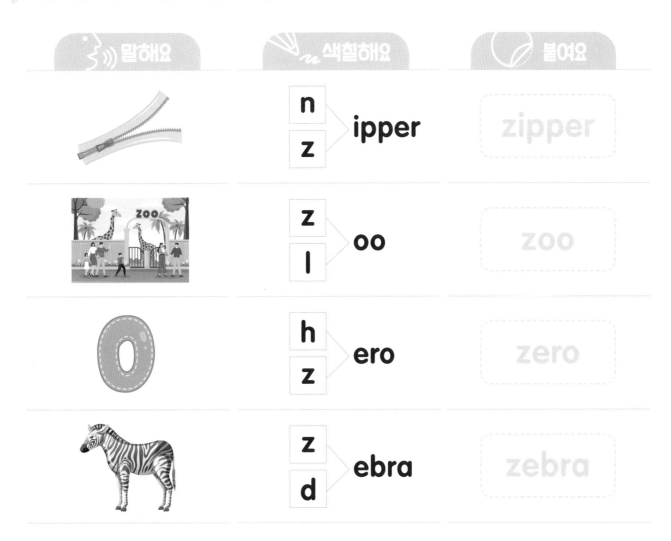

대문자 Z와 소문자 z를 따라 써 보세요.

대문자 Z와 소문자 z를 바르게 짝지은 것을 <u>모두</u> 찾아 동그라미 해 보세요.

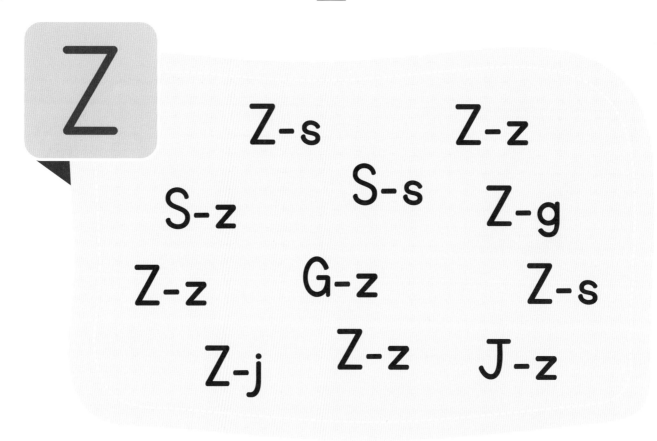

대문자 Z를 따라 쓰면서 퍼즐을 완성해 보세요.

대문자 Z와 소문자 z를 따라 쓰고 알맞은 그림과 연결해 보세요.

ZERO   •   •

zig zag   •   •

ZOO   •   •

zipper   •   •

ZEBRA   •   •

zebras   •   •

V ··· Z 복습

💕 단어의 첫소리를 잘 듣고 알맞은 알파벳 스티커를 붙여 보세요.

 ET    ARN

 ash    awn

 ERO    orm

 ELLOW   est

 oo    ASE

 OLF    ebra

단어 속에서 알파벳 Vv, Ww, Xx, Yy, Zz를 찾아 보세요.
Vv에는 ○, Ww에는 □, Xx에는 △, Yy에는 ☆, Zz에는 ♡를 그려 보세요.

이렇게 해 보세요.

 ☆y a w n

 FIX

 many

 very

 NEW

 BOX

 ugly

 YELLOW

 SWIM

 zipper

 six

💕 보기 속 단어를 아래 퍼즐에서 <u>모두</u> 찾아 동그라미 해 보세요.

보기				
	~~ZERO~~	SIX	YES	WASH
	WET	VEST	YARN	YAWN

```
V  S  I  X  Z  H  M
W  X  R  J  Y  R  V
Y  A  W  N  A  E  E
C  O  S  W  R  Z  S
W  E  T  H  N  F  T
E  Z  E  R  O  P  N
F  U  S  G  W  J  T
```

🌈 퍼즐에서 찾은 단어들을 대문자로 다시 한번 써 보세요.

ZERO

알파벳 대문자를 빈칸에 순서대로 써서 결승선에 도착해 보세요.

A ···· Z 복습

쥐가 치즈에 도착할 수 있도록 알파벳 소문자를 순서대로 연결해 보세요.

출발!

도착

ANGRY

FART

DOWN

EIGHT

CRAB

GIRL

INSECT

JUMP

BLOW

소문자로 적힌 단어를 대문자로 바꿔 써 보세요.

quick

lift

snake

very

kind

yellow

make

zebra

oink